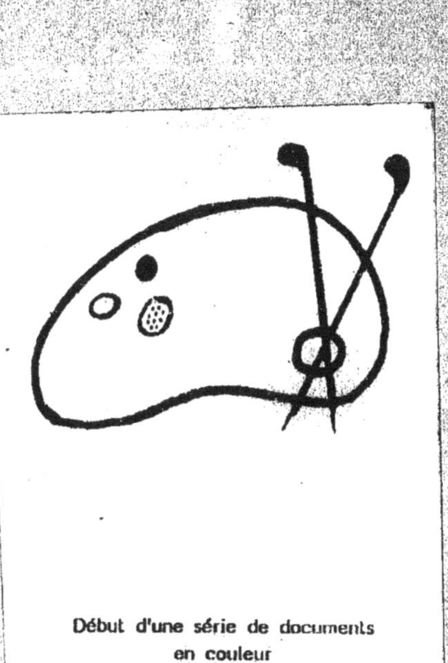

Début d'une série de documents en couleur

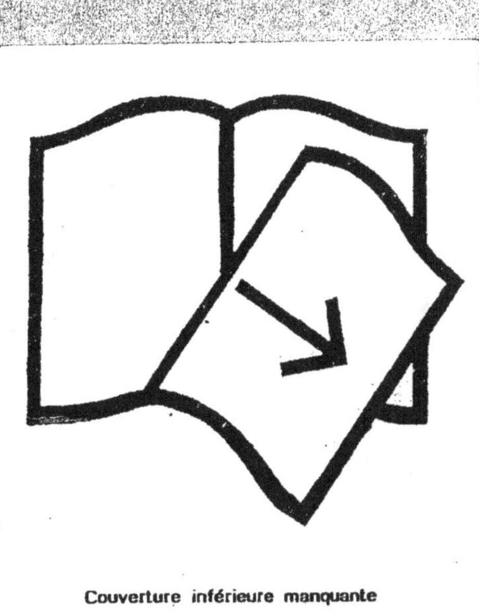

Couverture inférieure manquante

COURS

DE

DROIT NATUREL,

Professé à la Faculté des Lettres de Paris,

Par M. Th. JOUFFROY,

DÉPUTÉ.

STÉNOGRAPHIÉ ET PUBLIÉ PAR M. HIPPOLYTE PRÉVOST.

Sixième Leçon,

SUR LE SCEPTICISME DE NOTRE ÉPOQUE,

Extraite du premier volume de cette Publication.

(24 mars 1834)

PRÉVOST-CROCIUS, Éditeur,

RUE DE L'ÉCOLE DE MÉDECINE, Nº 30 — COUR DU COMMERCE, Nº 30.

1834.

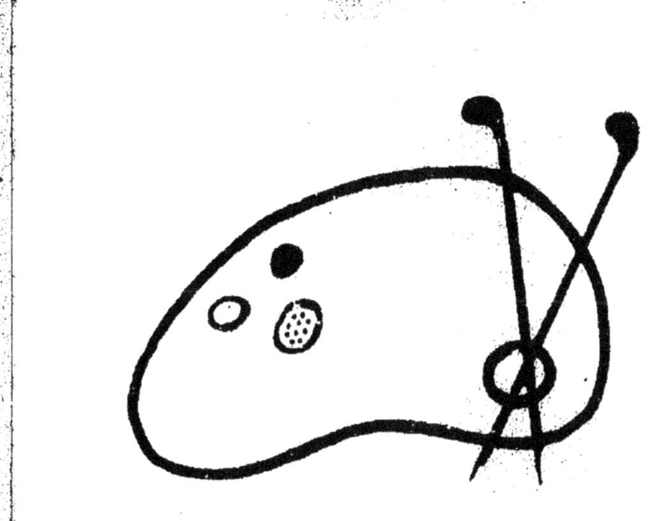

Fin d'une série de documents
en couleur

DIXIÈME LEÇON *.

DU

Scepticisme de notre Époque.

Messieurs,

Après ce que je vous ai dit dans la dernière leçon sur le système sceptique, il m'a paru de quelque utilité et peut-être de quelque importance de vous dire aujourd'hui quelques mots de ce qu'on appelle le scepticisme de notre époque. Comme ce scepticisme n'est pas, à mon avis, le vrai scepticisme, il est bon de le caractériser, ne fût-ce que pour acquérir une conscience nette de la véritable situation morale dans laquelle nous nous trouvons.

Le scepticisme, Messieurs, c'est une disposition de l'esprit à ne rien admettre, fondée sur un examen des

* 24 mars 1834.

moyens que nous avons d'atteindre la vérité qui a abouti à cette conclusion, que nous ne pouvons rien connaître avec certitude. Voilà la rigoureuse définition du scepticisme. J'appelerai ce scepticisme-là qui est le véritable, *scepticisme de droit*, afin de le distinguer d'une autre situation intérieure, qu'on appelle aussi *scepticisme*, et qui en est très-distincte.

Cette autre situation est celle dans laquelle se trouve un esprit lorsqu'il ne croit rien, et cette situation peut très-bien ne pas contenir la circonstance caractéristique du véritable scepticisme, c'est-à-dire, cette détermination à ne croire à rien, fondée sur l'examen des moyens que nous avons d'arriver à la vérité. Un esprit peut n'avoir aucune croyance, simplement parce qu'il ignore la vérité sur les différentes questions qui intéressent l'homme, et sans admettre en principe l'impuissance de l'intelligence humaine d'arriver à la vérité. J'appelle *scepticisme de fait*, cette situation particulière, et je la distingue de la disposition à ne rien croire, qui est le *scepticisme de droit*.

Cela posé, il est parfaitement évident que le véritable scepticisme n'est point accessible aux masses. En effet les masses n'ont ni assez de lumières ni assez de loisir pour s'élever par l'analyse des différentes circonstances du fait de la connaissance à la conviction que l'esprit humain est incapable d'arriver à la certitude. On n'a jamais vu, et de long-tems sans doute on ne verra un peuple pénétré d'une telle conviction et possédé d'un tel scepticisme. Mais quant au *scepticisme de fait* qui consiste simplement à n'avoir aucune croyance, c'est-à-dire, à ignorer ce qu'il faut penser sur les questions qui intéressent l'humanité, les masses en sont très-capables quoiqu'elles y répugnent, et c'est évidemment le seul qui puisse les atteindre.

De tous les motifs qui fondent le scepticisme de droit, il n'en est qu'un seul qui puisse devenir jusqu'à un certain point visible à une nation, et y répandre un commencement de scepticisme véritable. Ce motif est celui de la contradiction et de la variabilité des opinions humaines. Et encore, ce commencement de véritable scepticisme n'atteint-il réellement que ce qu'il y a de moins ignorant et de plus éclairé dans les masses ; car, même pour s'élever à cette vue que les opinions humaines sont variables et contradictoires, il faut avoir une certaine connaissance de l'histoire ; et c'est ce dont la partie la plus éclairée du commun des hommes est seule capable : le vrai peuple ne va jamais jusque là. J'ajoute que cette vue véritablement sceptique, la seule qui puisse jusqu'à un certain point pénétrer jusque dans le cœur d'une nation, lui est toujours transmise, c'est-à-dire, qu'elle ne s'y élève pas d'elle-même et par ses propres forces. C'est toujours en elle un retentissement de la philosophie qui règne au sommet de la société, c'est-à-dire, parmi le petit nombre d'hommes qui consacrent leur vie à la pensée et à la réflexion.

Le véritable scepticisme est donc le propre des hommes qui réfléchissent et dont la fonction sociale, si je puis parler ainsi, est de penser. Quant aux masses, ce scepticisme leur est étranger. Le véritable scepticisme des masses est le scepticisme de fait, scepticisme qui n'est pas une disposition, mais un simple état de l'intelligence, et qui consiste uniquement à ignorer ce qu'il faut croire sur les questions qui intéressent l'humanité.

Qu'il y ait eu des époques, Messieurs, où ce scepticisme de fait, ce vide de croyances et de convictions ait existé chez de grandes masses d'hommes, et qu'il y en ait eu d'autres où l'état contraire, c'est-à-dire, un système arrêté de solutions à toutes les principales questions qui intéressent l'humanité, ait évidemment dominé, c'est ce qui est incontestable pour quiconque a lu l'histoire. L'histoire nous montre des époques où, sur chacun des problêmes qui intéressent l'humanité, existent des sollutions arrêtées, auxquelles croient des nations tout entières depuis l'enfant qui commence à penser jusqu'au vieillard qui va mourir; elle nous en montre d'autres où des nations tout entières sont plongées dans l'incertitude, et ne savent plus que penser sur ces mêmes questions. Il y a donc bien réellement des époques où le scepticisme de fait règne sur les masses, et d'autres où ce scepticisme leur est inconnu et n'existe pas.

Or, Messieurs, l'histoire appelle de noms qui en marquent mieux encore le caractère, ces époques opposées.

Elle appelle religieuses les unes, et irreligieuses les autres; car les premières sont celles où règne, et les secondes celles où ne règne pas une religion. Veuillez en effet le remarquer, Messieurs, un système de croyances sur toutes les questions qui intéressent l'humanité, système établi dans toutes les convictions, dans celles des hommes éclairés comme dans celles du peuple, et dans celles du peuple comme dans celles des hommes éclairés; un tel système, historiquement parlant, a toujours revêtu jusqu'ici les formes d'une religion et en a toujours porté le titre. C'est sous la forme religieuse que ces grandes doctrines qui s'emparent des peuples, qui les gouvernent, qui les dominent, qui les satisfont sur toutes les questions qui les intéressent, se sont toujours produites et ont toujours existé jusqu'à présent. Les époques, au contraire, où l'on trouve au sein des masses une absence complète de convictions et de croyances sur ces mêmes questions, sont celles où toute foi religieuse est abolie, où nulle doctrine religieuse ne domine. L'histoire a donc raison, Messieurs, et on peut hardiment avec elle, appeler religieuses les époques croyantes, et irréligieuses celles où le scepticisme de fait existe dans les masses.

Comment se produit dans les masses le scepticisme de fait? Il y a long-tems que je l'ai dit, et c'est de nos jours un fait parfaitement connu. Quant un grand système de croyances ou une religion règne sur les masses, il peut arriver et il arrive même nécessairement, qu'un jour vient où le mélange d'erreur qui se rencontre inévitablement dans toute opinion humaine, quelque grande et quelque vraie qu'elle soit, frappe les intelligences les plus éclairées. Alors commence à se développer cet esprit d'examen qui, s'attachant à tout ce système de croyances et en pénétrant l'une après l'autre toutes les imperfections, finit, en concluant de la partie au tout, par déclarer que ce système est indigne des lumières actuelles de l'humanité, et doit être rejeté. Ce sont toujours les philosophes, ou ce qu'il y a de plus éclairé dans un pays, qui commencent cette révolution, et c'est aussi par eux qu'elle se continue et s'accomplit; mais les résultats de leurs recherches pénètrent dans toutes les classes, et, descendant peu à peu du sommet à la base de la société, arrivent jusqu'aux masses, au sein desquelles sapant et ruinant toutes ces croyances, tout ce système de vérités auquel elles croyaient et qui était la règle de leur conduite en tout, elles finissent par produire le

vide absolu. C'est ainsi que le scepticisme de fait est engendré dans les masses. Il y est introduit par une action
étrangère et supérieure, l'action philosophique, laquelle constatant la somme de connaissances à laquelle
l'esprit humain est arrivé, et confrontant avec cette
somme de connaissances les croyances régnantes, re-
connaît et déclare que ces croyances ont cessé d'être au
niveau des lumières de l'humanité, et, à ce titre, en pro-
voque et en obtient le rejet.

Que nous soyons actuellement, Messieurs, dans une
époque pareille, c'est ce qui est évident et ce que peu
de personnes prennent encore aujourd'hui la peine de
contester. Car, comment nier qu'en pénétrant dans les
consciences, on ne trouve, dans le plus grand nombre,
une absence à peu près complète de croyances sur toutes
les questions qui intéressent l'humanité? Et cependant,
Messieurs, à côté de ce scepticisme de fait qui existe et
qu'il est impossible de contester, on n'aperçoit pas même
le commencement, pas même l'ombre du véritable scepticisme, du scepticisme philosophique. Et en effet, dans
la pensée de ces masses, vides de croyances, vous ne
rencontreriez pas, si vous y pénétriez, le soupçon d'un
seul des motifs du véritable scepticisme. Le peuple ne
s'inquiète guère de savoir quelle est l'autorité des facultés humaines, quelle est la nature de l'objet de la connaissance, quelle est la nature de la connaissance elle-
même ; et il ignore absolument si la nature des facultés
de l'esprit, celle de l'objet de la connaissance, et celle de
la connaissance humaine bien examinées, conduisent à
cette conclusion que l'esprit humain est incapable d'arriver à la vérité. Les masses ne songent à rien moins

qu'à cela. Je dis plus, dans la partie éclairée de la société, dans celle qui pense et qui réfléchit, dans celle qu'on peut appeler proprement philosophique, toutes ces raisons, dont la présence seule peut constituer le véritable scepticisme, n'existent pas ou existent à peine. Elles apparaissent sans doute à quelques esprits, comme il arrive à toutes les époques possibles ; mais elles ne sont point la raison qui rend le siècle incrédule. Cette raison est tout simplement que les solutions qu'on avait sont détruites et qu'on n'en a plus. Le siècle est vide, il n'est pas sceptique ; il ne croit pas que la vérité soit impossible, tout simplement il l'ignore.

La révolution qui a engendré cette situation, Messieurs, ne date pas d'hier : ni la révolution politique de 1830, ni les événemens de 1814, ni la révolution sociale de 1789 ne lui ont donné naissance ; elle vient de beaucoup plus loin, et remonte tout au moins au quinzième siècle ; je dis tout au moins, car pour qui sait voir, elle a certainement une date encore plus ancienne.

Mais, Messieurs, il y a eu deux époques dans cette révolution, et ces deux époques ont eu chacune leur raison, leur caractère et leurs résultats. Il importe de distinguer nettement ces deux époques, quand on veut se faire une idée précise de notre situation présente.

Pour que ce vide de convictions dont je viens de vous entretenir, Messieurs, soit produit chez un peuple, il faut nécessairement qu'une lutte plus ou moins longue, mais victorieuse, ait eu lieu contre les croyances qui existaient. Toute révolution semblable à celle que je décris débute donc nécessairement par une époque d'attaque contre les croyances régnantes, qui aboutit à une défaite de ces croyances. Cette époque d'attaque a duré jusqu'à nos jours, et elle a été le caractère saillant et distinctif du dix-huitième siècle, bien qu'il n'ait fait qu'achever cette lutte et qu'il ne l'ait pas commencée. Le dix-huitième siècle a été le dénouement de la première époque de la révolution au sein de laquelle nous sommes; il n'a pas eu l'initiative de cette révolution; il n'en a ni inventé ni posé les principes; mais c'est lui qui en a popularisé et fait descendre jusqu'au fond de la société les résultats. C'est par là qu'il a joué un rôle éminent dans cette révolution, et il est certain que c'est surtout durant ce siècle, que ce dont il s'agissait est devenu évident pour tous les yeux.

Or, à cette première époque, Messieurs, la désertion des convictions anciennes n'était pas du tout accompagnée du besoin de croire. Le besoin de croire ne se fait nullement remarquer dans les écrivains sceptiques du dix-huitième siècle, hostiles aux croyances reçues. Ils sont pénétrés de la mission de détruire qu'ils remplissent; mais le besoin de croire est si loin de leur cœur, qu'ils se réjouissent dans le scepticisme où ils sont, qu'ils en triomphent, qu'il est à leurs propres yeux leur plus beau titre de gloire. Nous sommes arrivés à une époque où le résultat de cette lutte destructive subsiste, mais où, à côté de ce résultat, a cessé de subsister cette joie de ne pas croire, qui l'accompagna dans le dix-huitième siècle. Ce changement est grand, Messieurs, et il devait arriver. Et en effet, il n'est pas dans la nature de l'esprit humain de rester sans lumières sur les questions qui l'intéressent; l'esprit humain, quand il a perdu la vérité, a besoin de la retrouver, il ne peut vivre sans elle. Ce n'est donc que par une illusion passagère que la première période d'une époque révolutionnaire croit trouver le repos dans le scepticisme; dès que la victoire est assurée, cette illusion se dissipe et le besoin de croire renaît. Alors commence véritablement la seconde période du mouvement révolutionnaire que je décris, la période dans laquelle le vide étant fait, le besoin de croire renaît, et avec ce besoin de croire toutes ses conséquences. Voilà précisément où nous en sommes, Messieurs : le vide de croyances et le besoin de croire, tels sont les deux caractères de notre époque; et pour qui comprend bien les conséquences logiques de ce double fait, toute notre situation actuelle, dans ses plus grandes comme dans ses plus petites circonstances, est parfaitement claire, et peut, en quelque sorte, se dessiner *à priori*. Essayons donc de dégager quelques-unes de ces conséquences, en nous arrêtant aux principales.

Ce qui domine, Messieurs, ce qui éclate partout dans le dix-huitième siècle, c'est la disposition à ne rien croire du tout. Et en effet, comme on en était alors à détruire ce qui semblait faux, et que l'œuvre n'était pas achevée, l'inclination des esprits devait être au scepticisme. Aujourd'hui, que le besoin de croire coexiste avec l'absence de tout principe et de toute conviction, ce besoin nous jette dans une disposition tout opposée, la disposition à tout croire. Cette disposition, Messieurs, est le caractère dominant de l'époque actuelle, tant on se trompe quand on appelle sceptique cette époque!

Les conséquences de cette disposition à tout croire ont été diverses dans les différens esprits. Poussés par ce besoin commun, les uns ont cherché à ressaisir la

croyance du passé, et ce parti était très-naturel, car
elle était toute faite, il n'y avait qu'à la reprendre. Ceux-
là ont prononcé anathème contre ce qui était arrivé,
ceux-là sont devenus hostiles aux trois siècles précédens
et spécialement au dix-huitième, le plus funeste des
trois aux croyances renversées; dévots du passé, ceux-là
l'admirent et l'honorent; ceux-là s'efforcent de rétablir
dans leur intelligence et de rallumer dans leur cœur
cette foi que trois siècles ont détruite et qu'ils vou-
draient ressusciter. D'autres, Messieurs, sont tout simplement tombés dans le découragement; ne voyant derrière eux que des croyances battues et pour lesquelles leur
foi ne pouvait se ranimer, et devant eux que le vide,
ils ont désespéré de la vérité. Ce parti-là est celui du
désespoir. Par de là s'en présente un troisième, sans
comparaison le plus nombreux et auquel appartient
évidemment l'avenir; c'est celui qui, ayant besoin
comme les deux autres de la vérité, au rebours du second, n'en désespère pas, et au rebours du premier, la
cherche devant soi et non pas derrière.

Il est dans la nature et dans la nécessité des choses
que le parti du passé et le parti du désespoir soient peu
nombreux et sans action considérable sur la société; il
ne l'est pas moins que celui qui, obéissant au besoin
commun, en cherche la satisfaction dans la découverte
d'un nouvel ordre moral, soit le plus fort et finisse par
effacer les deux autres.

Ce mouvement à la recherche d'une foi nouvelle a
d'abord eu une période, permettez-moi encore cette
expression, tout à la fois caractéristique et inévitable.
On a débuté par croire que la doctrine de l'avenir de-

vait être à peu près le contraire de celle qui avait gouverné le passé, et cette illusion était naturelle, et très-conforme aux lois de l'esprit humain. Ce raisonnement nous le faisons tous dans les grandes comme dans les petites circonstances ; c'est le premier mouvement, le mouvement instinctif de l'esprit humain. De là cette réaction un moment universelle vers le contraire de ce qui avait été. Nous vivions sous un gouvernement absolu ; nous nous sommes précipités vers le contraire du gouvernement absolu, c'est-à-dire, vers la démocratie. La philosophie de la religion chrétienne était éminemment spiritualiste ; nous avons adopté la philosophie matérialiste qui a eu son moment et son règne. L'art chrétien était spiritualiste et idéal, comme les croyances qu'il exprimait ; l'art de nos jours s'est fait matérialiste avec David, et amoureux du réel et du laid un peu plus tard. La morale chrétienne était la morale du dévouement, de l'abnégation, celle qui forme les grandes âmes, les grands caractères ; la morale qui a suivi la victoire du scepticisme a été celle du plaisir et de l'intérêt. Tels ont été les fruits de ce premier mouvement de reconstruction qui, partant du vide, s'empare d'abord du contraire de ce qui a été et s'y attache avec une ardeur effrénée. Le résultat nécessaire d'un tel mouvement est de produire un système exagéré qui ne tarde pas à inspirer le dégoût et l'effroi ; et la raison en est extrêmement simple. Quand le scepticisme renverse une grande doctrine qui a gouverné pendant des siècles une portion notable de l'humanité, ce qui le frappe et ce qui amène sa victoire, ce sont les erreurs et les imperfections de cette doctrine. Mais le scepticisme ne s'arrête pas à ces erreurs et ne se borne pas à en demander la réforme :

concluant de la partie au tout, il déclare fausse la doctrine tout entière, et absurdes les générations qu'elle a
gouvernées. De là cette illusion que la vérité se rencontre précisément dans le contraire de ce qu'on croyait.
Mais il est impossible que l'humanité, pendant des
siècles, ait obéi à des idées de tout point absurdes et
fausses; par cela seul qu'une doctrine a régné et gouverné pendant des siècles une portion notable de l'humanité, il s'ensuit au contraire rigoureusement, qu'elle
était aux trois quarts vraie; car, si elle n'avait pas été
aux trois quarts vraie, elle n'aurait ni obtenu ni con-
servé un tel ascendant. Se précipiter quand il s'agit de
reconstruire, vers le contraire de ce qui était, c'est
donc nécessairement tourner le dos à quelque chose qui
avait beaucoup de vérité, pour arriver à quelque chose
qui n'en peut avoir que très-peu. Les systèmes qui sor-
tent de ce mouvement réactionnaire effréné, ne naissent donc pas viables, et ne peuvent tarder à succomber
sous le bon sens de l'humanité. Aussi voyons-nous déjà
mourir dans l'art le règne du laid et de la forme maté-
rielle, que nous avons vu commencer. Aussi la littéra-
ture frénétique et dévergondée qui s'est fait jour à
travers les règles renversées d'Aristote et de Boileau,
peut-elle être considérée comme très-malade, et sur le
point de finir. Il en est de même du mouvement qui, au
sortir du régime politique précédent, nous a portés vers
une démocratie extrême et sans limites; ce mouvement
commence à être et très-sérieusement et très-sévèrement
jugé par le sens commun qui en aperçoit les inconvé-
niens et les excès. Le règne du matérialisme a été court,
et déjà dans les jeunes cœurs le spiritualisme l'a complé-
tement détrôné; peut-être même ne trouverait-on pas

sans peine dans la société actuelle, des partisans de la morale du pur plaisir, telle que la professait la haute société de la fin du dernier siècle. De manière qu'il y a pour quelques-uns de ces mouvemens extrêmes et réactionnaires mort accomplie, et pour les autres, signes de décadence.

La destinée de ces premiers systèmes n'est donc point de vivre et de durer : fruit d'une aveugle réaction contre le passé, ils sont aveugles et fanatiques comme elle. Or leur règne éphémère accompli, on retombe nécessairement, et nous sommes déjà retombés en partie dans un état d'incertitude pire que celui qui avait immédiatement suivi la victoire du scepticisme. Car à la suite de cette victoire, il y avait vide, il est vrai, mais comme on n'avait pas encore essayé de retrouver la vérité, on ne doutait pas de sa force, et il semblait aisé de découvrir de nouvelles solutions aux questions qui n'en avaient plus. Mais quand le premier effort de la raison à la recherche de ces solutions a échoué, quand on l'a vu ne produire que des systèmes insensés qu'il a fallu repousser, un doute s'élève sur la capacité de l'intelligence humaine à remplir cette grande tâche de retrouver les vérités perdues ; et de là une incertitude plus profonde, un vide plus senti que celui qui a existé d'abord. Or, Messieurs, de ce vide et de cette incertitude naissent un certain nombre de phénomènes qui sont les plus saillans de l'époque dans laquelle nous vivons.

Vous avez pu remarquer que quand vous vouliez vous entendre avec vous-même ou avec les autres sur ce qui est beau et sur ce qui est laid, sur ce qui est vrai et sur ce qui est faux, sur ce qui est bon et légitime et

sur ce qui ne l'est pas , vous éprouviez de grandes diffi
cultés ; qu'en disputant sur ces questions toute opinion
vous paraissait avoir ses probabilités comme elle trou-
vait ses représentans ; et qu'il vous semblait à vous-
même que le pour et le contre pouvaient être soutenus
avec le même avantage.

Il ne faut pas croire, Messieurs, que ce soit là l'état
normal de l'intelligence humaine, et que ce phéno-
mène appartienne à toutes les époques. Il vient, Messieurs, de ce qu'il y a dans le tems présent absence de
criterium en matière de vrai et de faux, de bien et de
mal, de beau et de laid. Tout principe ayant été détruit, toute règle fixe de jugement se trouve supprimée ;
et sans règle commune et reconnue de jugement, il est
impossible de s'entendre avec soi-même et avec les autres, il est impossible d'arriver à une solution certaine
en quoi que ce soit. Or, quand il en est ainsi, qu'arrive-
t-il, Messieurs ? C'est que chaque individu a le droit
de croire ce qu'il veut et d'affirmer avec autorité ce
qu'il lui plaît de penser. Au nom de quoi, en effet,
pourrait-on contester ce qu'il avance? au nom d'une
vérité supérieure reconnue? il n'y en a point ; reste
donc l'autorité individuelle de celui qui conteste, laquelle est égale à la sienne , et ne peut la juger. Ce tems-
ci est donc le règne de l'individualisme, et de l'individualisme le plus exagéré et le plus complet. Or le droit
de chaque individu de penser ce qu'il lui plaît , engendrant naturellement une diversité infinie d'opinions
qui se valent et qui ont tout autant d'autorité l'une que
l'autre, il s'ensuit que cet état d'individualisme où
nous sommes est en même tems un état d'anarchie
intellectuelle complet. Ainsi, d'une part, autorité sans

contrôle de l'individu, puisqu'au dessus de cette autorité il n'existe aucune croyance commune, aucun *criterium* de vérité admis, qui domine les intelligences, les rallie, et les gouverne ; d'autre part, l'autorité propre de chaque individu étant égale à l'autorité de tout autre ; diversité infinie d'opinions ayant toutes un droit égal à se dire et à se juger vraies ; en deux mots, individualisme et anarchie, voilà ce qui doit être et ce qui est ; voilà où il était nécessaire et inévitable que nous en vinssions, et ce que nous voyons autour de nous.

Une circonstance contribue encore à fortifier cette espèce de démocratie intellectuelle dont je viens de parler. Ce qui crée principalement l'inégalité des esprits c'est l'expérience, qui dépose dans l'intelligence des hommes qui ont beaucoup vécu, beaucoup vu, ou beaucoup étudié une somme plus considérable de faits et d'idées. Or, les époques semblables à la nôtre ont une tendance spéciale à méconnaître ce fait incontestable. Succédant à de longs siècles qui ont cru ce qui a été démontré faux, elles ont et elles doivent avoir un parfait mépris pour le passé ; le passé est pour elles le symbole de l'erreur ; jusqu'à elles on n'a rien su, on ne s'est douté de rien ; toute la vérité est dans l'avenir, car elle est toute à trouver ; donc on est d'autant plus loin d'elle qu'on appartient d'avantage au passé, et d'autant plus près, qu'on est plus voisin de l'avenir, qu'on est plus jeune. De là, Messieurs, un profond dédain pour l'expérience et pour l'âge qui est un des caractéres de notre tems. Le jeune homme aujourd'hui se croit au moins l'égal de l'homme qui a beaucoup vécu, et long-tems avant de sortir du collége les enfans se savent et se déclarent égaux à leurs pères ; et rien n'est plus rigoureux qu'une telle conséquence. Ainsi l'égalité des intelligences va jusque là, qu'un jugement de dix-huit ans a la même autorité qu'un de cinquante, et que la raison d'un pauvre ouvrier n'est pas moins compétente que celle d'un homme d'état qui a vieilli dans le maniment des affaires ou d'un savant blanchi par l'étude. Sans doute le bon sens qui a le privilége de vivre à côté des plus grandes aberrations de l'esprit humain, vient tempérer cette démocratie intellectuelle et mettre un frein aux conséquences logiques qui aspirent à en sortir ; mais il n'en est pas une qui ne se montre, comme pour révéler à l'humanité la portée de ses opinions.

Ce n'est pas tout, Messieurs ; la conviction que le passé s'est trompé conduisant au mépris de toute étude sérieuse des faits historiques, et celle qu'il n'y a pas de *criterium* de vérité engendrant le mépris de la réflexion, il en résulte cette ignorance profonde que nous voyons et qui compose avec la présomption les deux traits caractéristiques des intelligences de ce siècle. Et de là vient que, dans la plupart des productions de notre tems, on ne sait qu'admirer davantage ou de la prodigieuse fatuité avec laquelle les idées les plus usées ou les plus absurdes sont émises, ou de l'absence complète de toutes les connaissances positives qui pourraient autoriser tant de confiance. Et l'on serait tenté d'en vouloir aux individus, si l'on ne songeait pas que ce double défaut est une conséquence rigoureuse de l'individualisme et de l'anarchie intellectuelle qui nous travaillent, deux faits qui sont eux-mêmes la conséquence de la situation que je vous ai décrite, et qui est fatale dans le développement révolutionnaire au sein duquel nous vivons.

Des faits que je viens de vous signaler, résulte, Messieurs, l'affaiblissement universel des caractères. Personne n'a de caractère dans ce tems-ci, et par une très-bonne raison, c'est que des deux élémens dont le caractère se compose, une volonté ferme et des principes arrêtés, le second manque et rend le premier inutile. A quoi sert en effet une volonté ferme quand on n'a pas de principes arrêtés? c'est un instrument vigoureux, mais qui n'est d'aucun usage. Mettez cet instrument au service d'une conviction stable et profonde, il produira des miracles de décision, de dévouement, de constance et d'héroïsme; mais en nous qui n'avons aucune idée, aucune croyance fixe, et qui ne pouvons nous en faire; en nous qui n'avons d'autre guide que les caprices de notre autorité individuelle, et qui, fiers de cette indépendance, nous faisons un point d'honneur de prononcer par nous-mêmes dans tous les cas particuliers, que voulez-vous que produise la volonté? Contre toutes les idées absurdes, contre toutes les imaginations qui traversent la tête la plus sage, l'homme qui croit à une défense : fort de ses principes, il les applique, et, à l'épreuve de ce *criterium* uniforme, les bizarreries, les chimères, les inconséquences s'évanouissent, et cela seul reste qui est conforme à ses convictions. Mais à nous, qui ne croyons à rien, ce *criterium* manque, et parce qu'il manque, nous ne pouvons rien juger, rien approuver, rien blâmer. Aussi, n'approuvons-nous, ni ne condamnons-nous rien; nous acceptons tout, et notre esprit tour-à-tour en proie aux idées les plus contraires, n'imprime aucune suite à nos résolutions, aucun plan à notre conduite, aucune dignité à notre caractère. Et cela, encore une fois, n'est pas une accusation, mais un fait; ce que le siècle doit être, il l'est ; je le peins et je l'explique , voilà tout.

L'amour du changement est une autre circonstance caractéristique de la situation intellectuelle où nous nous trouvons. L'amour, Messieurs, de quelque espèce qu'il soit, n'est autre chose que le besoin de ce qui nous manque ; or, ce qui nous manque dans le moment présent, ce sont les vérités qui doivent renouveler l'individu et la société , et ce qui peut nous les donner, c'est l'avenir ; donc, notre époque doit tourner les yeux avec espérance, avec amour vers l'avenir, et se laisser facilement entraîner à tout changement. Aussi , semblonsnous moins habiter le présent que l'avenir, et accueillons-nous avec enthousiasme , avec ivresse toute nouveauté , confondant ainsi ce qui est nouveau avec ce qui nous manque , et de ce que l'objet secret et inconnu de nos désirs est une chose nouvelle , en concluant aveuglément que toute chose nouvelle aura la propriété de les satisfaire.

De là , Messieurs , cette passion sans discernement pour les révolutions et les changemens , qui nous rend la dupe des ambitions ou des illusions du premier venu, et nous fait faire inutilement les frais de bouleversemens périodiques inutiles.

Car remarquez bien, Messieurs, que ce qu'il nous faut , ce n'est pas un changement matériel. Faites subir à notre société un aussi grand nombre de révolutions matérielles qu'il vous plaira, si ces révolutions matérielles ne lui donnent pas les idées qui lui manquent, elles la laisseront précisément où elle en est, et ne lui seront d'aucune utilité. Ce qui nous manque ce sont des solutions à une demi-douzaine

de questions, auxquelles le christianisme répondait, auxquelles plus rien ne répond maintenant; et rien n'est moins
propre à donner ces solutions que les orages des rues
et les renversemens de gouvernemens ; car c'est par la
réflexion que la vérité se trouve, et la réflexion exige
la paix. Les révolutions matérielles sont bonnes quand
elles viennent réaliser des vérités préalablement dé-
couvertes ; mais, faire des révolutions matérielles quand
les vérités après lesquelles une époque soupire sont
encore à découvrir, et pour les découvrir, c'est vouloir que la conséquence engendre le principe et que la
fin vienne avant le moyen ; c'est une pure absurdité.

C'est là, Messieurs, ce que le vulgaire n'aperçoit pas :
l'illusion du pays est si grande qu'il considère tout
changement comme devant lui donner cette chose in-
connue et nouvelle dont l'absence le rend malheureux.
Il se porte donc avec une aveugle ivresse au devant de
toutes les révolutions, impatient de ce qui est, avide de
ce qui n'est pas. Devant ce flot de l'inclination populaire,
il n'y a pas d'institution qui puisse durer, il n'y a point
de gouvernement qui puisse vivre. Et de là, Messieurs,
la fragilité des popularités parmi nous. Qu'un homme
nouveau apparaisse sur la scène politique, vous l'entou-
rez de votre faveur, vous l'admirez, vous l'élevez. Et
pourquoi ? C'est que vous espérez que celui-là enfin va
vous donner ce qui vous manque. Mais qu'arrive-t-il?
C'est que n'ayant pas plus que vous les solutions que
vous cherchez, quinze jours après son élévation au pouvoir, vous le trouvez tout aussi vide que les autres, et
toute sa popularité s'évanouit. Et voilà pourquoi dans
ce siècle, il suffit d'être au pouvoir pour devenir impo-
pulaire. Il n'y a de popularité possible que pour ceux

qui y aspirent, mais qui n'y sont pas encore; car ceux-là n'ont pas encore dit leur secret; le jour où ils sont en position de le dire, comme ils n'en ont aucun, l'ardente faveur qui les entourait se refroidit, car l'illusion qui les rendait grands est dissipée.

Voilà, Messieurs, ce qui rend si malheureux, de nos jours, cet être collectif qu'on appelle un gouvernement. Les peuples sont absolument comme les enfans qui, ayant un désir, pleurent et en veulent à leur nourrice tant qu'elle ne l'a pas deviné et contenté, l'objet de ce désir fût-il la lune, que la nourrice ne peut atteindre. Ainsi sont faits les peuples : ils sentent le malaise, les inquiétudes qui les tourmentent; mais ils ne se rendent compte ni de l'objet de ces inquiétudes, ni de la raison de ce malaise; et, alors, ils s'en prennent de leur mal à la forme de société sous laquelle ils vivent, et alors ils accusent les hommes qui les gouvernent de ce que l'objet mal démêlé qu'ils poursuivent, et qu'ils ont raison de poursuivre, ne leur est pas donné. C'est pourquoi, à la place des hommes qui règnent, ils veulent toujours d'autres hommes; à la place des formes établies, d'autres formes; à la place de l'ordre social et des lois existantes, un autre ordre social et d'autres lois; persuadés que la cause du mal étant dans le gouvernement, dans les lois, dans l'organisation de la société, en changeant tout cela, ils auront ce qu'ils désirent; et point du tout, quand ils ont tout changé, ils se sentent tout aussi malheureux et tout aussi mécontens qu'auparavant. C'est que ces changemens ne sont que des changemens matériels et nullement un changement moral, et que c'est à un changement moral que les âmes aspirent; c'est qu'aussi long-tems que les solutions des questions suprémes, au nom desquelles seules on peut organiser la société d'une manière vraie et conforme aux besoins qui sont dans les esprits, ne seront pas trouvées, on tournera toujours dans le même cercle vicieux et dans la même impuissance.

D'où était venue cette organisation sociale, sapée depuis trois siècles, et renversée par notre révolution? des solutions données par le christianisme aux grandes questions humaines. Ces solutions, Messieurs, n'étaient pas négatives comme celles que nous proposent les grands hommes de notre époque; elles entraînaient en tout, dans la morale, dans l'art, dans la religion, dans la politique, des conséquences positives; il en découlait pour la société certaines institutions, certaines lois; pour le pouvoir, une certaine organisation et une certaine forme; tout un ordre social et politique était implicitement contenu et vivait en germe dans les solutions chrétiennes; et cet ordre devait en sortir, et en est historiquement sorti. Aujourd'hui, cet ordre est détruit, et, pour en créer un autre, il faut un nouveau germe, c'est-à-dire de nouvelles solutions aux questions suprêmes que le christianisme avait résolues. Telles sont ces questions, qu'il faut absolument que les nations comme les individus y aient une réponse pour organiser leur vie et se créer un système de conduite. Comment voulez-vous que des gens qui ne savent ni comment ni à quelles fins ils sont sur la terre, sachent ce qu'ils ont à faire de la vie? et comment voulez-vous que, ne sachant ce qu'ils ont à faire de la vie, ils sachent cependant comment ils doivent constituer, organiser, régler la société? Quand on ignore la destinée de l'homme, on ignore celle de la société; quand on ignore la destinée de la société, on ne peut l'organiser. La solution du problême politique est donc dans une foi morale et religieuse. Cette foi nous manque, et, tant qu'elle ne sera pas trouvée, toutes les révolutions matérielles imaginables ne pourront rien pour la société

Voilà, Messieurs, ce que ne saurait trop méditer quiconque veut se faire une idée juste et nette de la situation où nous sommes : tout le secret de cette situation est là, et n'est pas ailleurs. Mais, comme le peuple ne le sait pas, on exploite son aveuglement, et on tire parti de tous les nobles instincts qu'il ressent. Ce vide dont il a conscience et qu'il a soif de combler, et que personne ne peut combler, vingt empiriques se vantent tous les matins de posséder le secret de le remplir, ne mettant qu'une condition à l'application de leur recette, c'est qu'on leur donne le pouvoir. Pour qui sait de quoi il s'agit, il est évident que tout au moins ils s'abusent; mais comme ils donnent un nom à ce qui nous manque, qu'ils l'appellent *république, suffrage universel, légitimité*, ce mot nous séduit, et nous le prenons pour une chose, et nous nous passionnons pour ce topique inconnu, et nous ne nous désanchantons que quand l'expérience nous a montré que ce mot était vide et ne couvrait rien. Et c'est ainsi que, baptisant tour-à-tour de noms différens l'objet inconnu de nos vœux, on nous passionne tour-à-tour pour une foule de choses qui sont impuissantes à les satisfaire, et qui, une fois conquises, nous laissent tout aussi mécontens qu'auparavant. C'est là le secret des continuels désappointemens qu'ont éprouvé depuis quarante années, parmi nous, les amis des libertés publiques. Chacune de ces libertés nous a paru tour-à-tour le bien après lequel nous soupirions, et son absence la cause de tous nos maux. Et cependant, nous les avons conquises ces libertés, et nous n'en sommes pas plus avancés, et le lendemain de chaque révolution, nous nous hâtons de rédiger le vague programme de la suivante. C'est que nous nous méprenons ; c'est que chacune de ces libertés que nous avons tant désirées, c'est que la liberté elle-même n'est pas et ne saurait être le but où une société comme la nôtre aspire. Une société libre a cet avantage qu'un maître ne peut pas la détourner de sa fin à elle, pour lui imposer la sienne à lui ; une société libre a cet autre avantage, d'être plus propre qu'une autre à trouver sa véritable fin et à l'atteindre ; parmi ce qu'on appelle les libertés publiques, il n'y en a pas une qui ne soit bonne à ce double titre ; mais il n'y en a pas une qui puisse l'être à un autre. Toute liberté est pour un peuple un moyen d'aller à sa fin, et surtout une garantie qu'on ne l'empêchera pas d'y aller ; aucune ne fait partie de cette fin elle-même ; et il en est exactement de l'ordre comme de la liberté : la fin d'une société est également étrangère et supérieure à ces deux choses.

En doutez-vous, Messieurs ? Prenez l'une après l'autre toutes nos libertés, et voyez si elles sont autre chose que des garanties et des moyens. Nous nous sommes enflammés d'une ardente passion pour l'élection populaire, et, après bien des efforts, nous avons réussi à la conquérir : une notable partie des citoyens intervient aujourd'hui de cette manière dans la nomination aux fonctions publiques les plus importantes. Or, Messieurs, quand vous rassemblez ainsi à grands frais les citoyens pour élire au commandement de la milice nationale, aux conseils municipaux , aux conseils de département, à la Chambre des Députés, savez-vous ce que vous faites? Deux choses, Messieurs. D'une part , vous vous donnez une garantie que personne ne substituera ses intérêts à ceux du pays, et n'empêchera la nation d'aller à sa fin, à elle ; d'autre part, vous demandez implicite-ment à ces citoyens réunis de découvrir et de dire quelle est cette fin , c'est-à-dire ce qui vous manque, ou d'envoyer aux différens conseils du pays des hommes qui la déterminent, ou , qui tout au moins, choisissent parmi eux et portent au pouvoir d'autres hommes qui la sachent. Voilà l'explication de cet amour extrême de l'élection, que nous ressentons. Or, de ces deux résul-tats, l'un négatif, l'autre positif, l'élection atteint le pre-mier : elle empêche qu'on ne détourne le pays de sa fin ; mais quant à la découverte de cette fin elle-même, si les électeurs ne la connaissent point, si les élus l'ignorent, et si les élus de ces élus ne s'en doutent pas, il est évident que ce qui nous manque continuera de nous manquer, et qu'ainsi la liberté électorale n'entrait pour rien dans ce qui nous manquait. Il en est de même de la liberté de la presse et de toutes les libertés. De manière que si vous vous passionnez outre mesure pour telle ou telle forme, pour telle ou telle institution , vous imaginant que là est le remède au mal qui vous tourmente , vous vous méprenez étrangement. Ces ins-titutions, ces formes ne sont que des garanties contre ce qui pourrait empêcher la révolution morale, qui seule peut le guérir, et peut-être aussi des moyens de hâter cette révolution ; je dis peut-être, car, quel que soit mon estime pour l'esprit de tout le monde , je pense que cet esprit, qui est le sens commun, est moins propre à découvrir la vérité qu'à la reconnaître quand on la lui montre; et, de toutes les vérités qui ont influé sur les destinées de l'espèce humaine, je n'en sache pas une qui soit sortie de l'instinct des masses; toutes ont été la découverte des hommes d'élite, et le fruit de la méditation solitaire des penseurs. Mais, une fois mises en lumière, c'est l'adoption des masses qui les a consacrées, et elle n'a manqué à aucune.

Ce que je viens de vous dire, Messieurs, sur notre situation présente, indique d'une manière suffisamment claire la conduite que doit se prescrire, dans l'intérêt de sa dignité et dans celui de son pays, tout homme sérieux et sage, à l'époque où nous vivons.

La première chose à faire, Messieurs, c'est de se calmer soi-même et de se dérober à ces rêves chimériques dont les masses se repaissent, et par là, à cette ivresse fougueuse et à ces tentatives insensées qui en sont la conséquence. Or, pour y parvenir, il suffit de parfaitement comprendre ce que je viens d'essayer de vous rendre clair, je veux dire d'une part, la loi nécessaire de toute révolution, et, de l'autre, le point précis où en est celle, au sein de laquelle nous sommes nés. En ne voyant dans ce qui nous arrive que les phases nécessaires d'une loi de l'humanité qui s'accomplit, nous serons moins disposés à nous laisser aller à ces frayeurs et à ces espérances passionnées, à ces enthousiasmes et à ces haines furieuses que nous inspirent tous les petits partis et tous les petits événemens qui surgissent chaque jour autour de nous, et auxquels, quand on ne les regarde pas de cette hauteur, on attache une importance exagérée. En embrassant l'ensemble de l'immense révolution qui travaille l'Europe depuis trois cents ans, en voyant d'où elle est partie et où elle va, ce qui est fait et ce qui reste à faire, comment et avec quelle lenteur ce qui est fait s'est accompli, comment et à quelle condition ce qui reste à faire peut s'accomplir; en comprenant bien surtout la véritable nature de cette révolution et par là sa véritable fin; bien des faits qui semblent très-importans deviennent misérables, bien d'autres que l'on remarque à peine deviennent graves; chaque chose, en un mot, reprend sa véritable valeur, et les illusions comme les passions qui troublent l'âme, perdent de leur force, si elles ne se dissipent pas entièrement.

Pour ceux qui veulent dès demain, et qui demandent tous les matins au pouvoir et à la loi ce qui nous manque et ce qu'il n'est au pouvoir de personne de nous donner, ce quelque chose d'inconnu, caché dans l'avenir, objet mystérieux, programme indéchiffrable de tous les mouvemens qui nous agitent, et que je définis, moi, un nouveau système de croyances sur les grandes et éternelles questions qui intéressent l'humanité, l'intelligence de cette grande révolution et la vue nette du point précis où elle est parvenue, sont bien propres à modérer leur impatience. Car quand on comprend de quel résultat il s'agit, on comprend aussi qu'un tel résultat ne s'improvise pas, qu'il ne peut être que le fruit d'un long travail, lentement accompli, et qu'il ne dépend ni des institutions, ni des lois, ni de la volonté des hommes de le produire avant le tems. L'histoire est aussi là pour témoigner combien sont lentes ces sortes de révolutions. Un travail tout pareil à celui que nous subissons aujourd'hui s'est opéré en Grèce avant la naissance du christianisme qui en a été le dénoûment. Le scepticisme a commencé en Grèce au moins six cents ans avant Jésus-Christ ; car, à l'époque de Thalès, les esprits éclairés commençaient à ne plus croire à la religion régnante, et deux cents ans plus tard, au tems de Socrate, il est probable que, parmi les citoyens qui exerçaient les droits politiques dans la république d'Athènes, il n'en restait guère que l'incrédulité n'eût gagnés. Si Socrate fut condamné à cette époque pour avoir attaqué la religion, le jugement fut dicté par des motifs politiques, et nous voyons aujourd'hui, dans un pays voisin du nôtre, un exemple tout pareil de cette alliance de l'incrédulité privée et du respect politique. Or, si quatre cents ans avant Jésus-Christ, la vérité ancienne était détruite en Grèce, et si la philosophie commençait déjà à chercher la vérité nouvelle, on n'ignore pas que l'humanité attendit encore quatre cents ans avant qu'aucune croyance positive se formulât. On sait, de plus, que l'établissement du christianisme dans les masses ne date pas de la naissance de Jesus-Christ, qu'il n'y a pénétré que peu à peu, et par un progrès qui a rempli plusieurs siècles ; de manière qu'en prenant bien la mesure de cette révolution, on trouve que l'esprit humain a employé près de mille ans à passer du dogme payen au dogme chrétien. A Dieu ne plaise que je prétende, Messieurs, qu'avec les forces immenses que l'esprit humain a acquises depuis dix-huit siècles, il doive mettre la même lenteur à accomplir aujourd'hui l'œuvre qu'il a commencée ; loin de moi surtout la pensée que la révolution qui nous travaille doive aboutir à une rénovation d'opinions aussi complète : le fond du christianisme est trop vrai pour que cette grande religion disparaisse,

comme l'a fait le paganisme ; sa destruction est un rêve du 18ᵉ siècle, qui ne se réalisera pas ; mais nul doute qu'elle ne doive subir une épuration et recevoir une forme nouvelle et des additions notables ; autrement, la révolte qu'elle a excitée, l'incrédulité présente, et ce long travail de l'humanité chrétienne, qui date du 15ᵉ siècle, n'auraient pas de sens, ce qui est impossible. Or, Messieurs, à le bien prendre, nous ne sommes en révolution sérieuse que depuis trois cents ans. Donc, il ne faut pas s'imaginer que nous devions arriver demain au terme de cette révolution, ni s'étonner que la première période de l'époque révolutionnaire venant récemment de s'achever, nous ne soyons pas encore au terme de la seconde. Il est très-possible qu'avant que les croyances de l'avenir se soient formulées et implantées dans les masses, et leur aient rendu le *credo* après lequel elles aspirent, il s'écoule encore bien des générations, et que pendant ce tems, nous ne demeurions dans la situation où se trouva le monde ancien aux époques analogues, c'est-à-dire dans cette anarchie intellectuelle et morale que nous décrivions tout-à-l'heure et qui ne peut finir qu'avec une foi nouvelle. Ce qui a guéri une première fois l'humanité, Messieurs, c'est le christianisme, et il l'a guérie moralement, avant de le guérir matériellement ; car le remède moral est le principe, le remède matériel la conséquence. Notre guérison à nous s'opérera de la même manière : des vérités d'abord, une réformation sociale conséquente à ces vérités ensuite. Voilà la loi. Or, aujourd'hui, il n'y a pas encore l'ombre d'un symptôme de l'apparition des solutions nouvelles. Nous sommes donc encore bien loin du dénoûment. Les journaux qui, tous les matins, prêchent un meilleur ordre de choses, ne définissent pas ce meilleur ordre ; ils disent bien que ce qui est, ne suffit pas, mais ils ne disent pas ce qu'il faut mettre à la place ; c'est qu'ils l'ignorent ; c'est qu'ils présentent comme le peuple ces vérités, sans les savoir plus que lui. Ils seraient dans le vrai, s'ils savaient qu'ils ne les savent pas ; ils y seraient encore plus, s'ils comprenaient qu'ils ne peuvent pas les savoir.

Voilà, Messieurs, le moyen d'avoir l'esprit calme dans cette époque de fièvre et d'agitation. Mais ce n'est pas assez de calmer son intelligence, il faut encore se conduire. A cet égard, il serait digne de nous de reproduire l'exemple que donnèrent au monde, à une époque parallèle, les seuls hommes dont le nom ait survécu et soit resté respectable aux âges suivans dans la décadence des croyances anciennes. Evoquant, au milieu de la corruption et de l'anarchie universelle, les principes impérissables et toujours visibles de la morale, ces hommes, qui furent les Stoïciens, se firent une loi personnelle quand toutes les lois communes s'en allaient ; et, s'enveloppant dans leur vertu, traversèrent sans tache l'époque la plus souillée de l'histoire. Il suffit de citer Marc Aurèle, Epictète, et leurs illustres amis, pour montrer qu'il n'y a point de tems si funeste où il ne reste aux individus le pouvoir de sauver leur conduite et leur caractère du naufrage universel. Nous le pouvons donc, Messieurs, dans des tems infiniment meilleurs, et avec les lumières du christianisme et d'une philosophie épurée pour flambeau. Il n'est personne qui, en cherchant sérieusement ce qui est bien et ce qui est mal, ne puisse purifier son intelligence et son âme de ce flot d'idées fausses, immorales, bizarres, qu'une licence incroyable d'esprit encore plus que de cœur, verse aujourd'hui sur la société, par la triple voie des journaux, du théâtre et des livres. Il n'est personne qui, en interrogeant son bon sens et son cœur, ne puisse se tracer à soi-même un plan de conduite conforme aux maximes les plus pures de la morale, et qui ne puisse, par une volonté forte, y demeurer fidèle et le réaliser. Voilà, Messieurs, ce qui est possible à chacun de nous; et si nous le pouvons, nous le devons. Nul n'est excusable de ne pas sauver sa raison et son caractère dans un tems comme celui-ci; car, s'il y a dans les circonstances sociales au milieu desquelles nous nous trouvons, des excuses pour ceux qui laissent l'une s'égarer et l'autre se corrompre, ces excuses ne les absolvent pas; car c'est précisément pour de telles circonstances que Dieu nous a donné une raison pour juger, et une volonté pour vouloir.

Quant à la patrie, Messieurs, à cette patrie qui doit être après notre dignité personnelle, le premier objet de notre souci, il y a aussi pour tous, en ce tems-ci, une manière de lui être utile; et ce moyen, c'est de faire comprendre le plus possible à tous ses enfans et la véritable situation où elle se trouve, et les raisons de cette situation; c'est de leur expliquer à tous le secret de leur mal, la nature du bien auquel ils aspirent, et les moyens faux et les moyens vrais d'y arriver. Car c'est là, à ma connaissance, le seul principe d'ordre et de calme qui puisse être jeté au milieu de la société, quand la société est incrédule. Il faut donc éclairer les masses, Messieurs: jamais les lumières ne leur furent plus nécessaires, jamais elles n'eurent plus besoin de discernement. Quand la société vit sous l'empire de croyances établies, le catéchisme neutralise les effets de l'ignorance. Mais quand les intelligences vides, sont ouvertes sans défense à toutes

les idées bonnes et mauvaises, salutaires et funestes,
alors il n'y a qu'un moyen de salut pour les peuples, ce
sont les lumières, c'est, dans chaque citoyen, le discernement de ses vrais intérêts et de la vraie situation du
pays. Tout homme qui comprend son tems a donc une
mission patriotique à remplir aujourd'hui; c'est de le
faire comprendre aux autres, c'est de calmer par là le
pays comme il s'est calmé lui-même. Quand on comprend
bien les circonstances d'un état dans lequel on se trouve,
on ne s'en effraie pas; quand on a cessé de s'en effrayer,
on songe à soi, on se fait un plan de conduite, on travaille, on vit; mais si vous croyez tous les matins que
vous allez faire naufrage, que vous touchez à une catas-
trophe, alors vous ne songez plus à vous, vous vous
laissez aller au flot des circonstances, il n'y a plus de
paix, de travail, de réflexion, de plan de conduite, de
développement de caractère; vous n'êtes plus qu'une
feuille, qui est emportée avec les autres par le vent qui
souffle et qui passe.

Est-il nécessaire d'ajouter que les révolutions matérielles ne pouvant rien pour le but auquel tend la société et produisant toujours beaucoup de désordres et de
mal, loin qu'il soit d'un homme éclairé et d'un bon citoyen de les provoquer, il est au contraire du devoir de
l'un et de l'autre de prévenir autant qu'il est en eux ce
mal inutile. Je le répète, quand une révolution maté-
rielle a pour objet de réaliser une révolution morale,
non-seulement alors elle est nécessaire, mais elle est rai-
sonnable et bonne. Mais quand la nouvelle organisation
morale que poursuit la société, loin d'être générale-
ment comprise et populairement établie dans l'intelli-

gence des masses, n'est pas même entrevue par ceux qui se portent pour les avant-coureurs de la civilisation, alors une révolution ne peut être qu'un mal matériel sans compensation, et tout ami du pays doit refuser son concours à une telle entreprise. Ceci, Messieurs, n'est point une prédication ; ceci est tout uniment la conséquence claire de la vue que je viens de vous soumettre et sur les lois de l'humanité en matière de révolution, et sur la situation où nous nous trouvons. Ce n'est d'ailleurs pas par vous que l'indépendance et la franchise de mes paroles peuvent être soupçonnées ; j'ose croire que vous ne douterez jamais ni de l'une ni de l'autre.

A. HENRY, Imprimeur de la Chambre des Députés, rue Git-le-Cœur, n° 8.